Les chiens sauvages

Le loup, le coyote et le renard

Texte de Deborah Hodge

Illustrations de Pat Stephens

Texte français de Jocelyne Henri

J'EXPLORE

LA FAUNE

Les éditions Scholastic

**Pour mes frères, Chris et Pete, et à la mémoire de ma soeur, Mala - D.H.
Pour Rick et Tiger et en mémoire de Kiri - P.S.**

Pour la révision de mon manuscrit, je remercie John P. Elliot,
biologiste au ministère de l'Environnement de la Colombie-Britannique.

Merci aussi à toute l'équipe de Kids Can Press, en particulier à la directrice
de la collection, Valerie Wyatt, pour sa patience infinie et son tact, et à mes éditeurs,
Valerie Hussey et Ricky Englander, pour leur intuition et leur dynamisme.

Je remercie aussi Sally, mon «chien sauvage», qui m'a permis d'observer
quotidiennement les habitudes et les comportements de la gent canine.

Données de catalogage avant publication (Canada)

Hodge, Deborah
Les chiens sauvages : le loup, le coyote et le renard

(J'explore la faune)
Traduction de Wild dogs.
Comprend un index.
ISBN 0-439-00422-5

1. Chiens sauvages - Ouvrages pour la jeunesse.
2. Renards - Ouvrages pour la jeunesse. 3. Loup -
Ouvrages pour la jeunesse. 4. Coyote - Ouvrages
pour la jeunesse. I. Henri,

Jocelyne. II.Stephens, Pat. III. Titre. IV. Collection.

QL737.C22H6314 1998 j599.77 C98-930699-2

Édition publiée par Les éditions Scholastic,
175 Hillmount Road, Markham (Ontario) Canada
L6C 1Z7, avec la permission de Kids Can Press Ltd.

Rédaction : Valerie Wyatt

Conception graphique : Marie Bartholomew

4 3 2 1   Imprimé à Hong-Kong   8 9 / 9 0 1 2 3 4 / 0

Sommaire

Les chiens sauvages 4

Les différentes sortes de chiens sauvages 6

Le territoire 8

Les comportements 10

L'alimentation 12

Les parties du corps 14

La manière de se déplacer 16

Le gîte 18

La naissance 20

La croissance et l'apprentissage 22

Les moyens de défense 24

Les chiens sauvages et les humains 26

Les chiens sauvages du globe 28

Les traces 30

Les mots nouveaux 31

Index 32

Les chiens sauvages

Les coyotes, les loups et les renards sont des chiens sauvages. Ils ont le corps robuste, les pattes longues et le sens de l'odorat très développé. Ce sont d'excellents coureurs et des chasseurs adroits.

Les chiens sauvages sont des mammifères. Les mammifères ont le corps couvert de fourrure et respirent à l'aide de poumons. Ils ont le sang chaud. La température de leur corps reste presque toujours la même, même lorsque la température ambiante change.

Les bébés des mammifères sont vivants à la naissance et se nourrissent du lait maternel. Ces renardeaux sont affamés!

LE SAIS-TU?

Les chiens domestiques sont apparentés aux chiens sauvages. Ils sont semblables sur plusieurs points.

Ces loups hurlent. Il est rare que les humains puissent voir les chiens sauvages, mais ils entendent parfois leurs hurlements.

Les différentes sortes de chiens sauvages

Il y a trois grands groupes de chiens sauvages en Amérique du Nord : les coyotes, les renards et les loups.

Les coyotes sont gris ou bruns. Un adulte peut peser entre 9 et 18 kg, soit le poids d'un chien de taille moyenne. Comme c'est le cas pour les autres chiens sauvages, les femelles coyotes sont habituellement plus petites que les mâles.

Coyote

Renard roux

Renard polaire

Renard à grandes oreilles

Renard gris

Il y a quatre sortes de renards en Amérique du Nord. Le renard roux est le plus commun. Il peut être roux, brun, noir ou argenté. La plupart des mâles adultes pèsent environ 5,5 kg.

Les loups gris sont les plus répandus. La couleur de la fourrure d'un loup gris dépend de l'endroit où il vit. Dans l'Arctique, la fourrure est blanche; dans la forêt, elle est grise ou noire. Un loup gris adulte a à peu près la taille d'un gros berger allemand. Il peut peser entre 26 et 59 kg. En Amérique du Nord, il y a aussi quelques loups roux.

Loup roux

Loup gris

Le territoire

Chaque chien sauvage a son territoire, c'est-à-dire un endroit qui lui procure la nourriture, l'eau, l'abri et l'espace nécessaire pour survivre.

Les loups vivent dans les régions sauvages de l'Amérique du Nord, de l'Europe et de l'Asie. On les retrouve dans les forêts, les prairies et la toundra. Les loups vivent généralement loin des humains et à proximité des animaux qu'ils chassent.

Les coyotes et les renards vivent presque partout – dans les forêts, les champs, les montagnes, les prairies ou les déserts. Les coyotes vivent seulement en Amérique du Nord, mais on retrouve les renards dans plusieurs parties du monde.

Le renard polaire vit dans les régions glacées de l'Arctique. En été, quand il n'y a plus de neige, sa fourrure devient brune.

LE SAIS-TU?

Il arrive que des renards et des coyotes vivent dans des parcs publics ou sur des terrains de golf.

Le renard se cache souvent dans les fourrés pour chasser les souris et autres petits animaux

Les comportements

Certains chiens sauvages vivent seuls. D'autres vivent regroupés en cellules familiales appelées bandes.

Les bandes de loups comptent entre 2 et 20 loups. La bande voyage et chasse ensemble. Les membres de la bande se protègent et prennent soin les uns des autres. Les coyotes vivent souvent par paires ou en petites bandes. Les renards vivent seuls, sauf durant la période où ils s'occupent des renardeaux.

On peut reconnaître le chef de la bande par les attitudes corporelles des loups. Le loup dominant garde la tête et la queue hautes. L'autre loup couche les oreilles et rentre la queue.

Dans une bande, le loup dominant mange toujours le premier.

Dans chaque bande, il y a un mâle dominant et une femelle dominante. Ce sont les loups les plus robustes et les plus décidés. Ils dirigent la bande.

L'alimentation

Les chiens sauvages sont des carnivores.
Ils chassent et tuent d'autres animaux pour
se nourrir.

Les loups chassent de gros animaux à sabots,
comme l'orignal, le cerf et le caribou. Les loups
d'une bande chassent ensemble en pourchassant
et en encerclant leur proie.

Les coyotes et les renards chassent les souris,
les écureuils et les lièvres. Ils se nourrissent aussi
d'insectes, de grenouilles, de poissons,
d'oiseaux, d'oeufs, de fruits et de baies
sauvages. Il arrive que les coyotes mangent
un cerf et des restes d'animaux morts.

Ce coyote tente d'attraper un poisson.

Le renard se sert de son museau pour trouver sa proie, même sous la neige.

13

Les parties du corps

Le corps du chien sauvage est conçu pour la chasse et la course.

Oreilles

Ses oreilles fines détectent une proie cachée dans l'herbe ou sous la neige

Truffe

Son odorat très développé lui permet de repérer sa proie et de reconnaître le passage d'autres chiens sauvages.

Langue

Après la course, le chien sauvage se rafraîchit en haletant.

Mâchoires et dents

Ses mâchoires puissantes saisissent la proie. Ses canines pointues font une morsure mortelle. Ses dents tranchantes coupent des morceaux de chair qu'il avale tout ronds.

Muscles

Grâce à ses muscles puissants, il peut attraper et tuer sa proie. Son cou robuste lui permet de garder sa proie au sol.

Fourrure

Le chien sauvage a deux sortes de fourrure. Le sous-poil duveteux le garde au chaud pendant l'hiver. Les longs poils de surface le protègent de la pluie et de la neige. La couleur de sa fourrure lui permet de se fondre à son environnement.

Os

Son squelette est bâti pour la course. Les os sont légers mais solides.

Queue

La position de sa queue donne des signaux aux autres chiens sauvages. Il marque son territoire grâce à des glandes situées à la base de la queue.

Pattes et doigts

Ses longues pattes fines lui permettent de courir vite et loin sans se fatiguer. Il court sur les doigts. Des coussins absorbent le choc de la course.

La manière de se déplacer

Les chiens sauvages sont des coureurs gracieux. Leurs longues foulées sont quasiment silencieuses. Les chiens sauvages peuvent courir durant des heures sans se fatiguer. Lorsqu'ils chassent une proie, ils courent à pleine vitesse. Ce sont aussi d'habiles nageurs.

Le renard chasse comme le chat. Il se ramasse, puis bondit!

Les loups et les coyotes peuvent faire des sauts de 4,5 m.

À sa vitesse maximale, le coyote
court aussi vite qu'une automobile
qui roule à 60 km/h.

La naissance

Au printemps, la femelle donne naissance à ses petits dans son terrier. Elle peut avoir jusqu'à 13 chiots, mais les portées comptent généralement de 4 à 6 chiots.

Les nouveau-nés sont petits, aveugles et sourds. La mère les lave avec sa langue. Elle les guide vers ses mamelles pour qu'ils puissent se nourrir de son lait riche.

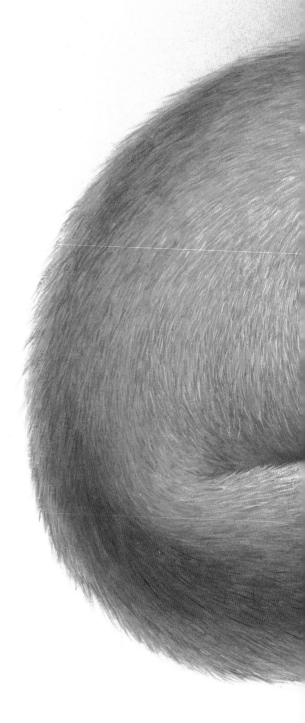

Cette femelle coyote sent le danger. Elle déplace ses chiots vers un autre terrier.

LE
SAIS-TU?

Le mâle protège sa nouvelle famille en montant la garde à l'extérieur du terrier.

Les renardeaux restent à la chaleur, près du corps de leur mère.

Les moyens de défense

Les loups n'ont pas d'autres ennemis que les ours et les autres bandes de loups. Ils préfèrent alors s'enfuir plutôt que de se battre.

Les renards craignent les coyotes, les loups, les ours noirs, les lynx et les couguars. Pour leur échapper, ils se sauvent ou se cachent dans des terriers ou dans d'épaisses broussailles.

Les ennemis des coyotes sont les ours noirs, les couguars et les loups. Le coyote fuit habituellement ses ennemis, mais s'il ne peut pas se sauver, il se battra.

Chaque bande de loups a son
territoire propre où elle vit et chasse.
Les membres de la bande hurlent
pour faire comprendre aux loups
de passage que la place est
prise. Ils marquent les bornes
de leur territoire en urinant.
L'odeur signale aux autres
loups qu'il vaut mieux ne
pas approcher.

25

Les chiens sauvages et les humains

Il y a longtemps, les humains craignaient les loups. Ils les chassaient et les tuaient. C'est pourquoi il y a moins de loups de nos jours. Les loups vivent généralement loin des humains. Mais plus les contrées sauvages sont envahies par les humains, moins les loups ont d'espace pour vivre et élever leurs louveteaux.

Il arrive que les coyotes et les renards vivent à proximité des humains, près des fermes ou même dans les villes. Les loups ayant fui ces endroits, le danger est moindre et la nourriture plus abondante pour les chiens sauvages plus petits. C'est pourquoi le nombre de renards et de coyotes ne cesse d'augmenter.

LE SAIS-TU?

Les chiens sauvages peuvent vivre 12 ans, mais la plupart meurent durant leur première année de vie

Tous les chiens sauvages ont besoin d'eau pure, de nourriture en abondance et d'espace pour vivre et grandir.

Les chiens sauvages du globe

Il y a 35 espèces de chiens sauvages dans le monde. En voici quelques-unes.

Loup à crinière
Amérique du Sud

Chien des buissons
Amérique du Sud

Fennec
Afrique

Hyène tachetée
Afrique

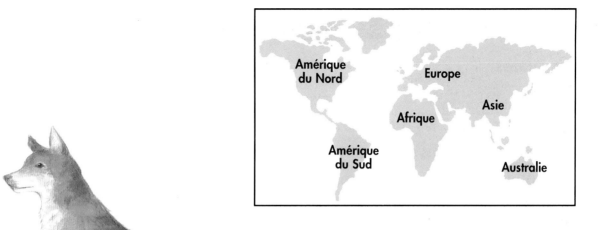

Amérique
du Nord

Europe

Asie

Afrique

Amérique
du Sud

Australie

Dingo
Australie

Chien viverrin
Europe et Asie

Chacal doré
Afrique et Asie

Index

âge, 22, 27

apprentissage, 22, 23

bandes, 10, 11, 12,22, 24, 25, 31

bébés. *Voir* chiots

chacals dorés, 29

chasse, 4, 8, 9,10, 12, 14, 16, 18, 22, 23, 25, 31

chiens des buissons, 28

chiens domestiques, 5

chiens viverrins, 29

chiots, 4, 10, 18, 20, 21, 22, 23, 31

corps, 4,10,14,15,31
  cou, 14
  dents, 14
  doigts, 15
  fourrure, 4, 7, 8, 15, 21
  gueule, 14, 22
  langue, 14
  mâchoires, 14
  muscles, 14, 23
  oreilles, 14
  os, 15
  pattes, 4, 15
  queue, 10, 15
  température, 4, 14, 21, 31
  tête, 10
  truffe, 14
couleurs, 6, 7, 8, 15

course, 4, 15, 16, 17, 24

coyotes, 4, 6, 8, 9, 10, 12, 16, 17, 19, 20, 22, 23, 24, 26, 30

croissance, 22, 23, 27

défense, 10, 15, 18, 20, 21, 22, 24, 25

dingos, 29

ennemis, 24. *Voir* aussi défense

espèces, 6, 7, 28, 29

excréments, 30, 31

familles, 10, 21, 22, 31

fennecs, 28

fourrure, 4, 7, 8, 15, 21

gîtes. *Voir* terriers

habitats, 31

humains, 8, 26

hurlements, 5, 25

hyènes tachetées, 28

jeunes. *Voir* chiots

jeux, 22, 23

lait maternel, 4, 20, 31

loups, 4, 5, 6, 7, 8, 10, 11, 12, 16, 18, 22, 24, 26

loups à crinière, 28

loups dominants, 10, 11, 31

loups gris, 7, 30

loups roux, 7

mammifères, 4,31

nage, 16

naissance, 4, 20, 21

nourriture, 4, 8, 9,11 , 12, 13, 14, 20, 22, 26

poids, 6, 7

proies, 9, 12, 13, 14, 16, 22, 31

renards, 4, 6, 8, 9, 10, 12, 13, 16, 19, 21, 22, 24, 26

renards à grandes oreilles, 6

renards gris, 6

renards polaires, 6, 8

renards roux, 6, 30

sang chaud, 4, 31

sauts, 16

sens, 14, 20

signaux, 10, 15, 22, 25

tailles, 6, 7

terriers, 18, 19, 20, 21, 22, 24, 31

territoires, 8, 15, 25

toundra, 8, 31

traces, 30

types de chiens sauvages.
   Voir espèces